阅读中国·外教社中文分级系列

Reading China SFLEP Chinese Graded Readers

总主编 程爱民

沟通中西

Bridging East and West

编者 四级主编

叶丹丹 刘影 刘影

四级
5

上海外语教育出版社
SHANGHAI FOREIGN LANGUAGE EDUCATION PRESS

主编的话

  每个学习外语的人在学习初期都会觉得外语很难，除了教材，其他书基本上看不懂。很多年前，我有个学生，他大学一年级时在外语学院图书室帮忙整理图书，偶然看到一本《莎士比亚故事集》，翻了几页，发现自己看得懂，一下子就看入了迷。后来，他一有空就去图书室看那本书，很快看完了，发现自己的英语进步不少。其实，那本《莎士比亚故事集》就是一本牛津英语分级读物。这个故事告诉我们，适合外语学习者水平的书籍对外语学习有多么重要。

  英语分级阅读进入中国已有几十年了，但国际中文分级教学以及分级读物编写实践才刚刚起步，中文分级读物不仅在数量上严重不足，编写质量上也存在许多问题。因此，在《国际中文教育中文水平等级标准》出台之后，我们就想着要编写一套适合全球中文学习者的国际中文分级读物，于是便有了这套《阅读中国·外教社中文分级系列读物》。

  本套读物遵循母语为非中文者的中文习得基本规律，参考英语作为外语教学分级读物的编写理念和方法，设置鲜明的中国主题，采用适合外国读者阅读心理和阅读习惯的叙事话语方式，对标《国际中文教育中文水平等级标准》，是国内外第一套开放型、内容与语言兼顾、纸质和数字资源深度融合的国际中文教育分级系列读物。本套读物第一辑共 36 册，其中，一——六级每级各 5 册，七—九级共 6 册。

  读万卷书，行万里路，这是两种认识世界的方法。现在，中国人去看世界，外国人来看中国，已成为一种全球景观。中国历史源远流长，中国文化丰富多彩，中国式现代化不断推进和拓展，确实值得来看看。如果你在学中文，对中国文化感兴趣，推荐你看看这套《阅读中国·外教社中文分级系列读物》。它不仅能帮助你更好地学习中文，也有助于你了解一个立体、真实、鲜活的中国。

程爱民

2023 年 5 月

目录

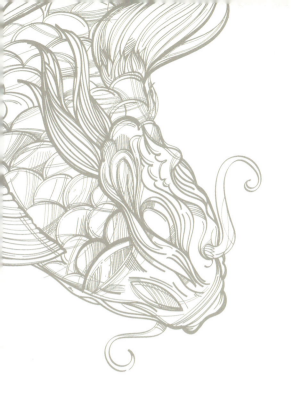

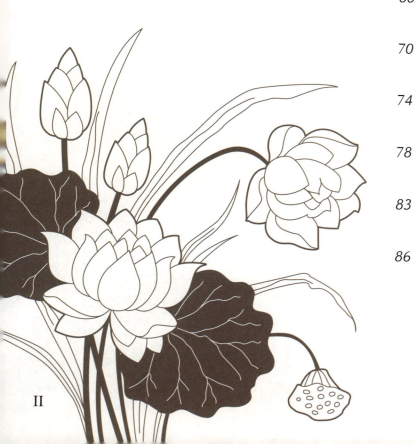

1 徐福
渡海

　　在战国时代（公元前475年—公元前221年），有一群好神仙方术的人，徐福就是其中最著名的一位。徐福告诉人们，在东方的海中有三座神山，山里住着神仙，还有能让人长生不死的仙药。

　　秦始皇统一中国后，追求长生不老。徐福说要去东海寻找长生不老药，秦始皇就派他带一些人去寻找仙药。徐福在海上寻找了几年，却连神山和仙药的影子都没找到。他担心秦始皇生气，于是编了一个谎言，说神山的神王说，去的人太少了，没有诚意，所以才没给他仙药。

　　徐福原来只是想随便找个理由，没想到秦始皇相信了他，要求他带着三千名男孩儿、女孩儿和数百名工人再次出海，还给他们提供了很多粮食和种子。徐福也只好在完成准备工作之后，再次前往东海，几千人组成的巨大船队开始了中国古代航海历史上第一次大规模的远航。

那时候，航海只能依靠人力划船前进，远航需要很长的时间，也有很大的风险。这几千人再也没有回到中国，没有人知道他们的去向。有人说，徐福因为怕回去受到处罚，就留在了海外的某个地方，并且自己当了王；也有人说，徐福渡海后到达了亶洲，但是亶洲究竟是中国台湾、日本，还是菲律宾？也没有准确的答案。

直到今天，很多地方都流传着关于徐福的传说，甚至还保存着徐福渡海的古迹。也许将来有一天，人们能够找到徐福等人在海外某地生活的证据，把这个两千多年前的故事写完。

本级词

公元 gōngyuán | the Christian era

好 hào | to like

著名 zhùmíng | famous

统一 tǒngyī | to unify

追求 zhuīqiú | to seek, to pursue

寻找 xúnzhǎo | to look for

却 què | but

影子 yǐngzi | shadow

担心 dānxīn | to worry

于是 yúshì | hence

编 biān | to make up

没想到 méi xiǎngdào | unexpectedly

提供 tígōng | to provide

粮食 liángshi | grain, food

之后 zhīhòu | after

巨大 jùdà | huge

历史 lìshǐ | history

大规模 dà guīmó | large-scale

依靠 yīkào | to rely on

划 huá | to row

王 wáng | king

究竟 jiūjìng | on earth

答案 dá'àn | answer

流传 liúchuán | to spread

关于 guānyú | about

甚至 shènzhì | even

超纲词

渡 dù | to cross

神仙 shénxiān | supernatural being

仙药 xiānyào | elixir

谎言 huǎngyán | lie

诚意 chéngyì | sincerity

航海 hánghǎi | navigation

远航 yuǎnháng | oceangoing voyage

去向 qùxiàng | whereabouts

处罚 chǔfá | to punish

海外 hǎiwài | overseas

古迹 gǔjì | historic site

战国时代 Zhànguó shídài

Warring States Period, a socially turbulent time of great change from 475 B.C. to 221 B.C.

秦始皇 Qín Shǐhuáng

First Emperor of Qin, the founder of the Qin dynasty and the first emperor of a unified China.

练习

一、选词填空。

Fill in the blanks with the words given below.

A. 寻找　　　B. 追求　　　C. 提供　　　D. 粮食

秦始皇 _____ 长生不老，派徐福去 _____ 长生不老药。徐福第一次出海没有找到长生不老药，秦始皇要求他第二次出海，并带上三千名男孩儿、女孩儿和数百名工人，还给他们 _____ 了很多 _____ 和种子，但这一次，他们再也没有回来。

二、根据文章选择正确答案。

Choose the correct answer according to the article.

1. 徐福为什么要渡海？（　　　）

　　A. 为了成为神仙　　　　　　　B. 为了得到仙药

　　C. 为了寻找财富　　　　　　　D. 为了去海外生活

2. 第二次出海，秦始皇给徐福提供了什么？（　　　）

　　A. 很多药物　　　　　　　　　B. 大规模的军队

　　C. 各种技术工人　　　　　　　D. 大量粮食和种子

三、根据文章判断正误。

Tell right or wrong according to the article.

（　　　）1. 徐福是一位著名的神仙。

（　　　）2. 徐福第一次渡海找到了神山和仙药。

（　　　）3. 秦始皇要求徐福第二次出海。

（　　　）4. 徐福带几千人渡海是古代第一次大规模远航。

（　　　）5. 徐福第二次出海很多年后顺利返回了。

2 张骞出使西域

　　汉初，北方匈奴（Xiōngnú）逐渐强大，经常侵犯北部地区以及西域（Xīyù）各国。汉武帝派张骞（Zhāng Qiān）等人担任使者，出使西域，联合大月氏（Dàyuèzhī）共同对付匈奴。但是，他们经过匈奴地区时被抓住了，匈奴人关了他们十几年。日子久了，匈奴人渐渐放松了对他们的看管，张骞等人就逃跑了。

　　他们向西走了几十天，到达了大宛（Dàyuān）。大宛王热情地接待了他们，还派人把他们送到月氏国。张骞在那里居住了一年多，依然没能说服月氏王，只好回去。回国途中，他们又被匈奴抓住了，直到匈奴内部发生大乱，他们才找到机会逃了出来，回到了长安。张骞这次出使西域前后一共花了十三年，可以说经历了无数困难。

后来，汉朝打败了匈奴，汉武帝派张骞再次出使西域。这次出使，张骞带领了三百多人，并带着一批礼物，有牛羊、黄金、丝绸等。张骞最先到达的是乌孙国，为了尽快完成任务，他派其他人分别去访问大宛、大夏和安息等国。乌孙王跟张骞相处了一些日子之后，认为他是可信任的朋友，就派人送他回长安，还送了几十匹高头大马作为礼物，和汉朝建立了友好关系。

从此，汉武帝每年都派使者访问西域的各个国家，西域派来的使者和商人也越来越多。渐渐地，汉朝和西域之间形成了一条商路。通过这条商路，西域的水果、音乐等陆续传入内地，汉朝的丝绸、茶叶以及农业技术等传到了西域，这就是"陆上丝绸之路"的起源。

本级词

逐渐 zhújiàn | gradually

以及 yǐjí | as well as

担任 dānrèn | to serve as

对付 duìfu | to deal with

放松 fàngsōng | to relax

居住 jūzhù | to live

依然 yīrán | still

说服 shuōfú | to persuade

途中 túzhōng | on the way

无数 wúshù | innumerable

打败 dǎbài | to defeat

批 pī | a batch of

黄金 huángjīn | gold

尽快 jǐnkuài | as soon as possible

相处 xiāngchǔ | to get along with

些 xiē | some

从此 cóngcǐ | from then on

各个 gègè | each

之间 zhījiān | among

陆续 lùxù | one after another

茶叶 cháyè | tea

陆 lù | land, continent

超纲词

侵犯 qīnfàn | to invade

使者 shǐzhě | envoy

出使 chūshǐ | to serve as an envoy abroad

看管 kānguǎn | to watch over

逃 táo | to escape

丝绸 sīchóu | silk

匹 pǐ | a measure word for mules, horses

之 zhī | of (used between an attribute and the word it modifies)

张骞 Zhāng Qiān

A Chinese envoy who journeyed to Central Asia in the late 2nd century B.C. during the Han Dynasty.

汉武帝 Hàn Wǔdì

Liu Che, the seventh emperor of the Western Han Dynasty, a distinguished statesman, strategist and litterateur.

西域 Xīyù

A general term for the area west of Yumen Pass in the Han dynasty.

匈奴 Xiōngnú

Huns, an ancient nomadic nationality in northern China.

练 习

一、选词填空。

Fill in the blanks with the words given below.

A. 之间   B. 渐渐   C. 各个   D. 友好

张骞出使西域后，汉武帝每年都派使者访问西域 _____ 国家，和他们建立了 _____ 关系。西域派来的使者和商人也越来越多。_____ 地，汉朝和西域 _____ 形成了一条商路。

二、根据文章选择正确答案。

Choose the correct answer according to the article.

1. 张骞等人一共几次出使西域？

    A. 一次　　　　　　B. 两次　　　　　　C. 三次　　　　　　D. 四次

2. 张骞等人第一次出使西域的目的是什么？

    A. 和匈奴建立起友好关系　　　　　　B. 送给乌孙王黄金等礼物

    C. 联合大月氏共同对付匈奴　　　　　　D. 带西域的水果和马匹回去

三、根据文章判断正误。

Tell right or wrong according to the article.

（　　　　）1. 张骞一个人出使西域。

（　　　　）2. 张骞只被匈奴抓过一次。

（　　　　）3. 张骞首次出使西域非常顺利。

（　　　　）4. 乌孙国和汉朝建立了友好关系。

（　　　　）5. 中国的丝绸、茶叶等通过商路传到西域。

3 海上丝绸之路

　　"海上丝绸之路"一般指中国沿海地区通向海外的路线：一条到朝鲜半岛和日本；还有一条经过东南亚、斯里兰卡、印度等地，抵达红海、地中海以及非洲东海岸。

　　早在汉代，人们就已经先后开辟了前往朝鲜半岛、日本等地的多条重要航线。隋唐时期，海上航线发展迅速。特别是"安史之乱"时期，"陆上丝绸之路"的交流被吐蕃（Tǔbō）阻止，各国被迫改走海路，促使海上航线不断扩展。

　　宋代的海上交通更加发达，宋人的船不仅可以到达阿拉伯，还可以经过红海到达非洲的西北。有人曾在南非和津巴布韦发现过宋代的瓷器，这样看来，宋代的船很可能已经到过非洲的南部。

元代开辟了黄海和渤海两条海上运输路线，它们和传统的航线、港口连接起来，通过海路与元交往的国家有100多个。

但是，到了明清两代，官方实行海禁政策，海上贸易受到了很大的限制。

从秦汉到明清，无数的船在海路上来来往往，运送着东西方的商品，传播着东西方的文化。中国的丝绸、茶叶、铁器、瓷器等，通过海路不断运输到东南亚、非洲和欧洲各国，而这些国家把香料、药物、花草、宝石等运到中国，大大促进了贸易的发展，丰富了人们的生活。

"海上丝绸之路"为中西方国家的贸易合作和文化交流做出了巨大的贡献，推动了各国的进步与发展。

本级词

迅速 xùnsù | rapidly

阻止 zǔzhǐ | to prevent

被迫 bèipò | to be forced

促使 cùshǐ | to urge

扩展 kuòzhǎn | to extend

曾 céng | once, ever

看来 kànlái | it seems

传统 chuántǒng | traditional

官方 guānfāng | authority

限制 xiànzhì | to limit

而 ér | and

药物 yàowù | medicine

宝石 bǎoshí | gemstone

促进 cùjìn | to promote

超纲词

沿海 yánhǎi | coastal

先后 xiānhòu | successively

开辟 kāipì | to open up

航线 hángxiàn | sea route

时期 shíqī | period

瓷器 cíqì | chinaware

港口 gǎngkǒu | port, harbor

连接 liánjiē | to connect

政策 zhèngcè | policy

贸易 màoyì | trade

运送 yùnsòng | to transport

香料 xiāngliào | perfume, spice

贡献 gòngxiàn | contribution

安史之乱 Ān-Shǐ Zhī Luàn

An eight-year long disturbance from 755 to 763 of the Tang Empire started by two rebellious generals An Lushan and Shi Siming. It's the turning point of Tang Dynasty from prosperity to decadence.

练 习

一、选词填空。

Fill in the blanks with the words given below.

A. 促进　　　B. 迅速　　　C. 巨大　　　D. 扩展

　　从秦汉到明清，海上贸易发展 _____，航线不断 _____。无数的船来来往往，运送着各国的商品，传播着东西方的文化。"海上丝绸之路" _____ 了贸易的发展，丰富了各国人民的生活，为东西方的交流做出了 _____ 的贡献。

二、根据文章选择正确答案。

Choose the correct answer according to the article.

1. "海上丝绸之路"将海外的哪些商品运到中国？

　　A. 丝绸和瓷器　　　　　　　　B. 茶叶和铁器

　　C. 花草和动物　　　　　　　　D. 香料和宝石

2. 关于宋代的海上交通，以下哪个说法是正确的？

    A. 可能到达了非洲的南部

    B. 可以连接所有亚洲国家

    C. 与200多个国家有贸易往来

    D. 发展受到了官方政策的限制

三、根据文章判断正误。

Tell right or wrong according to the article.

（　　　）1. "海上丝绸之路"只有一条路线。

（　　　）2. 汉代就开辟了海上交通路线。

（　　　）3. 隋唐时期，海上交通的发展受到官方政策的影响。

（　　　）4. 明清两代，"海上丝绸之路"发展迅速。

（　　　）5. "海上丝绸之路"对东西方交流的贡献很大。

4 玄奘西游与
鉴真东渡

Xuánzàng　Jiànzhēn
　玄奘 和鉴真都是唐朝著名的和尚，为佛教的传播做出了独特的贡献。

　　玄奘13岁就当了和尚，他去了许多寺庙，跟其他和尚讨论和研究佛教经典。随着水平的提高，他发现翻译过来的佛经有很多错误，于是他决心到佛教的发源地——印度半岛去学习。

　　公元629年，玄奘出发西行。他经历了很多困难，花了近两年时间才到达了印度半岛。那时候，玄奘访问了很多有名的寺庙，花了很多时间来研究佛经。他学会了印度半岛的多种语言，还经常被请到各地演讲，得到了一致称赞。在这个过程中，他对佛教经典也有了更深的了解。

26年后，玄奘带着600多部佛经回到长安，受到了热烈欢迎。回国后，玄奘立即开始大规模的佛经翻译工作，还把自己西游的经历写成了《大唐西域记》。

　　唐朝还有一个叫鉴真的和尚，他很有学问。公元742年，他被请去日本进行佛教交流。他带领学生五次东渡都失败了，但是鉴真并不失望，终于在第六次东渡时到达了日本。此时，他已经是66岁的老人了。

　　鉴真在日本居住了10年，在此期间，他介绍了唐朝多方面的文化成就。他带去了大量的书和文物，同去的人中，有懂艺术的，有懂医学的，他们也把各种知识教给了日本人。鉴真还根据唐代寺院建筑的样子，设计了唐招提寺的修建方案。两年后，唐招提寺建成了，成为日本最著名的佛教建筑之一。

　　玄奘西游和鉴真东渡，都为佛教的传播做出了很大的贡献。直到现在，人们依然尊敬和怀念他们。

本级词

独特 dútè | unique

研究 yánjiū | to research

经典 jīngdiǎn | classic

翻译 fānyì | to translate

多种 duōzhǒng | varied

演讲 yǎnjiǎng | to give a lecture

一致 yízhì | unanimous

称赞 chēngzàn | praise

了解 liǎojiě | understanding

立即 lìjí | immediately

学问 xuéwèn | knowledge

失败 shībài | to fail

失望 shīwàng | disappointed

期间 qījiān | period

医学 yīxué | medical science

根据 gēnjù | according to

方案 fāng'àn | plan

之一 zhīyī | one of...

怀念 huáiniàn | to cherish the memory of

超纲词

和尚 héshang | monk

佛教 Fójiào | Buddhism

寺庙 sìmiào | temple

随着 suízhe | along with

佛经 fójīng | Buddhist texts

发源地 fāyuándì | birthplace

此时 cǐshí | this moment

文物 wénwù | cultural relic

建筑 jiànzhù | architecture

修建 xiūjiàn | to build

尊敬 zūnjìng | to respect

练 习

一、选词填空。

Fill in the blanks with the words given below.

A. 期间　　　B. 根据　　　C. 多种　　　D. 了解

玄奘去印度半岛研究佛经，学会了印度半岛的 _____ 语言，对佛教经典也有了更深的 _____。鉴真在日本居住 _____，_____ 唐代寺院建筑的样子，设计了唐招提寺。

二、根据文章选择正确答案。

Choose the correct answer according to the article.

1. 是什么促使玄奘西游取经？

A. 对印度文化很感兴趣

B. 想传播中国的语言文化

C. 非常喜欢印度和尚的演讲

D. 发现翻译过来的佛经中有不少错误，想去佛教的发源地学习

2. 关于鉴真，以下哪个说法是正确的?

    A. 医学成就非常高

    B. 很了解中国的建筑史

    C. 介绍和传播了唐代的文化成就

    D. 现在很少有人知道他的名字

三、根据文章判断正误。

Tell right or wrong according to the article.

（   ）1. 印度半岛是佛教的发源地。

（   ）2. 玄奘在日本研究佛经。

（   ）3. 玄奘受到印度半岛人民的称赞。

（   ）4. 鉴真前后一共六次东渡日本。

（   ）5. 鉴真设计了唐招提寺的修建方案。

5 朝鲜诗人
崔致远

崔致远是朝鲜 新罗时期著名的文学家、诗人。他能够熟练地运用汉语，在文学方面取得了很高的成就。

崔致远出生于公元857年，12岁的时候他前往大唐留学。离开之前，他的父亲对他说："如果你十年内没有考中进士，就不要说是我的儿子。"崔致远十分争气，在17岁那年就顺利考上了进士，并留在唐朝做官。他为人非常谦虚，与当时的读书人交往密切。他写了很多诗文，经常与有名的诗人交流，这对他的文学创作有很大的帮助。

崔致远还把唐代文化和新罗文化相结合，促进了两国的文化交流。在他28岁那年，他向唐朝皇帝请求返回新罗，得到了皇帝的同意。在即将回国的时候，他写下了《秋雨夜中》这首诗，诗中写道："窗外三更雨，灯前万里心。"这句话的意思是看着眼前的夜雨，想念着万里之外的家人。在回国途中，他也写下了很多描写途中风景的诗，其中有十首被认为是他写景诗中的代表作。

崔致远在大唐留学时取得了很高的成就，因此受到了新罗国王的重视。然而，崔致远回国做官的过程并不顺利。他在公元890年被派到泰山郡，两年后，继续被派到更远的富城郡，从此，他再也没回到中央政府做官。

这一切并没有影响崔致远传播汉学的热情，他把在中国写的诗和文章集合在一起，全部交给国王。后来，他也不断创作，写出了很多有影响力的作品。他的理想是用汉文化中的先进思想来帮助自己的国家发展。由于崔致远在文学上的成就，他得到了人们很高的评价，被新罗人称为"百世之师"。

本级词

诗人 shīrén | poet

熟练 shúliàn | skilled

运用 yùnyòng | to use

之前 zhīqián | before

官 guān | officer

密切 mìqiè | close

诗 shī | poem

即将 jíjiāng | about (to do sth)

首 shǒu | piece (measure word)

想念 xiǎngniàn | to miss

描写 miáoxiě | to describe

风景 fēngjǐng | scenery

然而 rán'ér | however

政府 zhèngfǔ | government

集合 jíhé | to gather

超纲词

进士 jìnshì | a successful candidate in the highest imperial examinations

争气 zhēngqì | to live up to expectations

为人 wéirén | to conduct oneself

谦虚 qiānxū | modest

皇帝 huángdì | emperor

之外 zhīwài | far away

国王 guówáng | king

中央 zhōngyāng | central

注释

汉学 hànxué

The study of Chinese language, history, customs, and politics, etc.

练习

一、选词填空。

Fill in the blanks with the words given below.

A. 想念　　　B. 首　　　C. 即将　　　D. 描写

崔致远在 _____ 回国的时候，写下了《秋雨夜中》这 _____ 诗，诗中写道：“窗外三更雨，灯前万里心。”这句话的意思是看着眼前的夜雨，_____ 万里之外的家人。在回国途中，他也写下了很多 _____ 途中风景的诗，其中有十首被认为是他的代表作。

二、根据文章选择正确答案。

Choose the correct answer according to the article.

1. 崔致远留学前，父亲对他提出了什么要求？
   A. 尽快回到新罗
   B. 十年内考上进士
   C. 多多结交诗人朋友
   D. 去唐朝做生意

2. 关于崔致远，以下哪个说法是正确的？
   A. 为人非常热情
   B. 学成后不想回到新罗
   C. 文学成就很高
   D. 是唐朝最年轻的进士

三、根据文章判断正误。

Tell right or wrong according to the article.

（　　　）1. 崔致远与父亲感情不太好。

（　　　）2. 崔致远在回国时写下了很多描写途中风景的诗。

（　　　）3. 崔致远的理想是在新罗中央政府做官。

（　　　）4. 崔致远在大唐留学时取得了很高的成就。

（　　　）5. 崔致远回新罗后也不断创作。

6 外来的食物

在<u>中国</u>古代对外交流的过程中，不少外来的食物进入了<u>中国</u>，并且逐渐成为<u>中国</u>饮食的一部分。

<u>西汉</u>时，张骞两次出使<u>西域</u>，从<u>西域</u>各国引进了许多蔬菜和水果，比如葡萄、黄瓜等。一开始，对人们来说，葡萄仅仅是一种水果。到了<u>唐代</u>，葡萄酒的制作方法得到了广泛普及并不断改进。后来，葡萄酒就经常出现在人们的聚会中。当时的诗歌对此也有反映，例如<u>王翰</u>在《<u>凉州词</u>》中的名句"葡萄美酒夜光杯"。

很多人都听过《好一朵美丽的茉莉花》，也喜欢茉莉花的香味。茉莉花原产

于印度等地，传入中国后成为人们极其喜爱的植物。在中国，除了茉莉花茶，还有茉莉花饼、茉莉花糕，甚至还有"茉莉花炒鸡蛋"这样一道菜。

"海上丝绸之路"也给中国人带来不少新奇的食物，比如番椒（辣椒）、番茄、洋葱、洋芋等等。带"番"字的食物大多是宋代之后由"番舶"（外国的船）带来的；带"洋"字的食物大多是清代以后引进的。番茄在明代时传入中国，有趣的是，它因为色彩鲜艳，刚开始被人们作为观赏植物来种植，直到晚清，人们才发现它味道酸酸甜甜的，很好吃，而且很有营养。

"陆上丝绸之路"和"海上丝绸之路"让不同种类的食物传入中国，这让中国人的餐桌更加丰富，饮食也越来越多样化。

本级词

引进 yǐnjìn | to import

黄瓜 huángguā | cucumber

聚会 jùhuì | gathering

反映 fǎnyìng | to reflect

极其 jíqí | extremely

喜爱 xǐ'ài | to be fond of

植物 zhíwù | plant

大多 dàduō | mostly

有趣 yǒuqù | interesting, funny

色彩 sècǎi | color

作为 zuòwéi | as

种植 zhòngzhí | to plant

酸 suān | sour

种类 zhǒnglèi | type

多样 duōyàng | various

超纲词

外来 wàilái | foreign

饮食 yǐnshí | diet

蔬菜 shūcài | vegetable

葡萄 pútao | grape

葡萄酒 pútaojiǔ | wine

广泛 guǎngfàn | widespread

茉莉花 mòlìhuā | jasmine

香味 xiāngwèi | aroma

饼 bǐng | pastry

糕 gāo | cake

炒 chǎo | to stir-fry

新奇 xīnqí | novel

辣椒 làjiāo | pepper

番茄 fānqié | tomato

洋葱 yángcōng | onion

洋芋 yángyù | potato

舶 bó | ship

鲜艳 xiānyàn | bright-colored

观赏 guānshǎng | to view and admire

餐桌 cānzhuō | dining table

王翰 Wáng Hàn

A Chinese poet of the Tang dynasty in the early eighth century, who wrote mainly about frontier fortress.

练 习

一、选词填空。

Fill in the blanks with the words given below.

A. 喜爱　　　B. 多样　　　C. 引进　　　D. 种类

　　通过"陆上丝绸之路"，葡萄、黄瓜等食物被 _____ 中国。通过"海上丝绸之路"，番椒、番茄等食物也传入中国，它们后来都成为中国人极其 _____ 的食物。不同 _____ 的食物传入中国，让中国人的餐桌变得更加丰富，饮食也越来越 _____ 化。

二、根据文章选择正确答案。

Choose the correct answer according to the article.

1. 如果你生活在唐朝，可能会吃到以下哪种食物？

　　A. 葡萄　　　　B. 洋葱　　　　C. 洋芋　　　　D. 番茄

2. 根据文章，以下哪个说法是正确的？

    A. 汉代时人们会制作葡萄酒

    B. 葡萄和黄瓜是张骞最喜爱的食物

    C. 番茄刚传入中国时就成为人们喜爱的食物

    D. 名字里有"番"字或"洋"字的食物是外来食物

三、根据文章判断正误。
    Tell right or wrong according to the article.

    (   ) 1. 张骞出使西域时带回了葡萄酒。

    (   ) 2. 辣椒、番茄是通过"陆上丝绸之路"传入中国的。

    (   ) 3. 茉莉花的原产地在中国。

    (   ) 4. 明代时，番茄被人们当作是一种观赏植物。

    (   ) 5. 外来食物让中国人的饮食更加丰富。

7 《马可·波罗游记》

　　翻开中国和意大利两国人民友好关系的历史画卷，一个闪亮的名字会出现在人们眼前，他就是了不起的旅行家——马可·波罗。

　　马可·波罗是意大利威尼斯人。1271年，年轻的马可·波罗跟着父亲和叔父开始了长达24年的东方旅行。到达中国后，他们受到元朝皇帝忽必烈的热情接待。马可·波罗非常聪明，善于学习，很快就了解了中国的风俗，适应了中国的生活，后来甚至在元朝做了官。

　　1295年，马可·波罗回到了故乡。后来，他参加了威尼斯与热那亚之间的战争，结果被关进了监狱。在监狱里，他向狱友、作家鲁思梯谦讲述了自己在东方的见闻，这些经历被鲁思梯谦记录下来，这就是著名的《马可·波罗游记》，也叫《东方见闻录》。

26

《马可·波罗游记》记录了亚洲各地的情况，第二卷主要是关于中国的，书中对泉州的港口、北京的宫殿、南京的纺织行业、苏州的桥、杭州的西湖等进行了细致的描写。

　　可以说，这部著作向整个欧洲打开了神秘东方的大门，展现了一个资源丰富、文化深厚的中国形象，在中西文化交流史上具有重要意义。

本级词

翻 fān | to turn

卷 juàn | scroll

闪 shǎn | to shine

了不起 liǎobuqǐ | outstanding

善于 shànyú | to be good at

风俗 fēngsú | custom

战争 zhànzhēng | warfare

行业 hángyè | industry

细致 xìzhì | thorough and careful

著作 zhùzuò | work

神秘 shénmì | mysterious

资源 zīyuán | resource

深厚 shēnhòu | profound

超纲词

长达 chángdá | as long as

聪明 cōngmíng | clever

监狱 jiānyù | prison

狱友 yùyǒu | cellmate

讲述 jiǎngshù | to tell about

见闻 jiànwén | what one sees and hears

宫殿 gōngdiàn | palace

纺织 fǎngzhī | textile

展现 zhǎnxiàn | to show

注释

忽必烈 Hūbìliè

Kublai, the founder of the Yuan dynasty of China and the fifth Khagan-emperor of the Mongol Empire.

练 习

一、选词填空。

Fill in the blanks with the words given below.

<blockquote>
A. 资源   B. 善于   C. 深厚   D. 风俗
</blockquote>

马可·波罗非常聪明，_____ 学习，来中国后，他很快就了解了中国的 _____，适应了中国的生活，后来还当了官。《马可·波罗游记》向欧洲人展现了一个 _____ 丰富、文化 _____ 的中国形象，在中西文化交流史上具有重要意义。

二、根据文章选择正确答案。

Choose the correct answer according to the article.

1. 马可·波罗来到中国后做了什么？

　　A. 参加战争

　　B. 教意大利语

　　C. 游历中国各地

　　D. 写《马可·波罗游记》

2. 《马可·波罗游记》这本书有什么意义？

    A. 让中国人增加了地理知识

    B. 让东方人对西方产生了兴趣

    C. 在欧洲战争史上具有重要的价值

    D. 向欧洲人展示了中国的先进文明

三、根据文章判断正误。

Tell right or wrong according to the article.

（　　　）1. 马可·波罗来到中国后，受到忽必烈的欢迎。

（　　　）2. 《马可·波罗游记》是马可·波罗自己写的。

（　　　）3. 马可·波罗去过中国的很多城市和地区。

（　　　）4. 《马可·波罗游记》让欧洲开始了解东方。

（　　　）5. 元朝时期的中国物质丰富，经济发达。

8 泉州的故事

　　泉州位于福建省东南部，是闽南文化的发源地；泉州也是古代"海上丝绸之路"的起点，元代时被称为"东方第一大港"；它还是集中了佛教、基督教、伊斯兰教、印度教、道教等各种宗教的"众神之城"。总之，泉州具有深厚的文化积累和鲜明的城市特色。

　　宋元时代，许多外国的旅行家都在游记中详细描述了泉州的风貌。根据马可·波罗的记载，从国外来的船都停在泉州港。公元1271年，一位名叫雅各的意大利商人来到泉州，他写道："就在我们到达的那天，江面上至少有15 000只船，有的来自阿拉伯，有的来自大印度，有的来自锡兰，有的来自小爪哇，还有的来自北方很远的国家。""停在这儿的大型商船和小型商船，比我以前在任何一个港口看到的都要多，甚至超过了威尼斯，而且中国的商船也是人们能够想象出的最大的船，装得下一千多人。"雅各也被这座城市的灯光吸引住了，"泉州所有的路口、商店、人家都挂着灯笼，使得夜晚像白天一样。"

　　各种宗教文化在泉州同时存在，比如开元寺是佛教寺庙，却有着浓浓的古希腊、古印度风格，大雄宝殿中有两根特别的柱子，上面刻了印度教的神话故事；在纪念妈祖的天后宫中，也能见到两根类似风格的柱子。

泉州好像具有使时间停止的<u>魅力</u>，它让千年前的故事流传到了今天，让现代人在寻找历史时<u>倍</u>感亲切和真实。

本级词

位于 wèiyú | to be located

总之 zǒngzhī | in a word

积累 jīlěi | accumulation

鲜明 xiānmíng | distinctive

记载 jìzǎi | record

江 jiāng | river

大型 dàxíng | large-scale

小型 xiǎoxíng | small-sized

想象 xiǎngxiàng | to imagine

灯光 dēngguāng | lamplight

吸引 xīyǐn | to attract

人家 rénjiā | household

浓 nóng | dense

风格 fēnggé | style

根 gēn | measure word for long, thin objects

神话 shénhuà | myth

倍 bèi | doubly

超纲词

发源 fāyuán | origin

起点 qǐdiǎn | starting point

宗教 zōngjiào | religion

神 shén | god

风貌 fēngmào | style and feature

灯笼 dēnglong | lantern

柱子 zhùzi | pillar

刻 kè | to carve

魅力 mèilì | charm

注释

道教 Dàojiào

Taoism, a religion and philosophy from ancient China that has shaped Chinese cultural life for more than 2,000 years.

开元寺 Kāiyuán Sì

Kaiyuan Temple is a Buddhist temple located in West Street, Quanzhou City, and is the largest Buddhist temple in Fujian Province.

妈祖 Māzǔ

A Chinese sea goddess who is the patron goddess of sailors, fishermen and travelers.

练 习

一、选词填空。

Fill in the blanks with the words given below.

A. 记载　　　B. 积累　　　C. 位于　　　D. 鲜明

　　泉州 _____ 福建省东南部，是闽南文化的发源地，具有深厚的文化 _____ 和 _____ 的城市特色。泉州是古代"海上丝绸之路"的起点，根据许多外国旅行家们的 _____，泉州港停着许许多多大型和小型的商船。

二、根据文章选择正确答案。

Choose the correct answer according to the article.

1. 关于宋元以来的泉州，以下哪个说法是正确的?

   A. 泉州是当时经济最发达的城市

   B. 泉州是"陆上丝绸之路"的起点

   C. 港口可以停靠超过一万只的商船

   D. 雅各是第一个到达泉州的外国旅行家

2. 开元寺的例子可以说明什么?

   A. 寺庙的建筑水平很高

   B. 泉州居民大多信仰佛教

   C. 佛教通过海路进入了中国

   D. 在泉州同时存在不同的宗教文化

三、根据文章判断正误。

Tell right or wrong according to the article.

（　　　）1. 泉州是闽南文化的发源地。

（　　　）2. 泉州的文化积累极其深厚，城市特色鲜明。

（　　　）3. 泉州在元代时被称为"世界第一大港"。

（　　　）4. 因为没有灯，所以泉州的夜晚一片黑暗。

（　　　）5. 宋元时代，许多外国旅行家来到泉州。

9 郑和 下西洋

明成祖 朱棣(Zhū Dì)为了**扩大**明朝的**政治**影响，与海外进行经济、文化交流，交给了郑和一个**特殊**的任务——带领一支船队出使西洋。

郑和在公元1405年开始了第一次远航，船队成员**包括水手**、翻译、医生、**士兵**等。船只**分工**细致，有的用于**载货**，有的用于运粮。船上的生活**设施**很**齐全**，航海技术更是**处于**世界**领先地位**。

船队最先到达了占城国（越南），国王骑着大象，带着官员和士兵前往迎接，街道上也挤满了前来欢迎的老百姓。随后，船队到达了爪哇国（印度尼西亚），爪哇国人口众多，商业繁荣，郑和等人在那里开展了一系列的贸易活动。

郑和等人总共进行了7次航行，船队访问了30多个国家和地区，最远到达了东非、红海等地。每到一处，他们都会拿出中国的瓷器、丝绸、茶叶和金银等与当地人交换象牙、香料与宝石等，还会主动向当地人传授建筑与农业技术；船队也引进了新的工艺品、原料、技术等，促进了中国的手工业生产。

郑和等人充满勇气的航海行动以及和平友好的态度在促进文化交流方面发挥了重要作用，很多国家派出使者，与中国建立了友好关系。

"郑和下西洋"是中国古代规模最大、时间最久的航海活动，也是世界航海史和中外交流史上的一座里程碑。

本级词

扩大 kuòdà | to expand

政治 zhèngzhì | politics

特殊 tèshū | special

包括 bāokuò | to include

士兵 shìbīng | soldier

设施 shèshī | facility

处于 chǔyú | to be (in a certain condition)

领先 lǐngxiān | to be in the lead

地位 dìwèi | status, position

街道 jiēdào | street

系列 xìliè | series

总共 zǒnggòng | altogether, in sum

交换 jiāohuàn | to exchange

牙 yá | ivory, tooth

原料 yuánliào | raw material

手工 shǒugōng | handicraft

勇气 yǒngqì | courage

发挥 fāhuī | to bring into play

超纲词

水手 shuǐshǒu | seaman

分工 fēngōng | division of work

载 zài | to load

齐全 qíquán | well-equipped

大象 dàxiàng | elephant

官员 guānyuán | officer

众多 zhòngduō | numerous

繁荣 fánróng | flourishing

传授 chuánshòu | to impart

里程碑 lǐchéngbēi | milestone

明成祖 Míng Chéngzǔ

The Yongle Emperor, personal name Zhu Di, was the third Emperor of the Ming dynasty, reigning from 1402 to 1424.

练 习

一、选词填空。

Fill in the blanks with the words given below.

A. 特殊　　　B. 系列　　　C. 扩大　　　D. 设施　　　E. 领先

为了 _____ 明朝的政治影响，明成祖交给郑和一个 _____ 的任务——带领一支船队出使西洋。船上的生活 _____ 十分齐全，航海技术更是处于世界 _____ 地位。在7次航行中，船队访问了30多个国家和地区，并开展了一 _____ 的贸易活动。

二、根据文章选择正确答案。

Choose the correct answer according to the article.

1. 郑和下西洋的主要目的是什么？

　　A. 寻找海外新奇的货物

　　B. 学习先进的航海技术

　　C. 扩大明朝的政治影响

　　D. 推广明朝的优质商品

2. 以下哪个选项在文章中没有提及？

    A. 郑和的背景

    B. 郑和的成就

    C. 船队的规模

    D. "郑和下西洋"的意义

三、根据文章判断正误。

Tell right or wrong according to the article.

（   ）1. 郑和说服明成祖让自己出使西洋。

（   ）2. 郑和的船队非常受欢迎。

（   ）3. 郑和一共六次下西洋。

（   ）4. 船队访问的国家和地区都在亚洲。

（   ）5. "郑和下西洋"促进了中国的对外交流。

10 利玛窦

　　利玛窦（Lìmǎdòu）是一个意大利传教士，他在公元1582年来到中国的肇庆（Zhàoqìng），并开始学习中文。独特的汉字系统吸引了利玛窦，他以此为起点，逐步系统而全面地学习中国传统文化。

　　利玛窦用了很大的精力研究儒家（Rújiā）思想。他称赞孔子是"伟大的名人"，"既编写著作来教育学生，又用自己的行为来鼓励人民追求道德。"利玛窦认为，儒家经典"四书"和"五经"都是为了国家的美好未来而进行道德教育。他和别人合作完成了用拉丁文解释"四书"的工作。此外，《利玛窦日记》也第一次向欧洲全面介绍了中国的思想和文化。

　　利玛窦向中国社会传播了现代数学、地理、音乐等西方的文明成果。比如，他使中国人认识到地球是圆的。更为重要的是，他跟朋友徐光启合作翻译了《几何原本》的前六回，使中国的数学研究上了一个新台阶，许多中文词汇，如点、线、面、直角、平行线、三角形等就是他们创造出来的。后世的科学家也充分肯定了他的贡献："从某种意义上说，中国现代数学起源于肇庆。"

　　1610年，利玛窦在北京去世。按照传统，西方传教士死后应该移葬澳门（Àomén）。但在很多中国高层官员的争取下，他被葬在了北京城附近。400多年过去了，如今的利玛窦墓依然保存完好，还在静静诉说着这位文化使者与中国的不解之缘。

本级词

系统 xìtǒng | system

精力 jīnglì | energy

名人 míngrén | celebrity

既 jì | as well as

未来 wèilái | future

解释 jiěshì | to explain

日记 rìjì | diary

圆 yuán | round

台阶 táijiē | step

词汇 cíhuì | vocabulary

充分 chōngfèn | sufficiently

移 yí | to move

附近 fùjìn | nearby

如今 rújīn | nowadays

超纲词

传教士 chuánjiàoshì | missionary

编写 biānxiě | to compile

鼓励 gǔlì | to encourage

道德 dàodé | morality

数学 shùxué | math

地理 dìlǐ | geography

直角 zhíjiǎo | right angle

平行 píngxíng | parallel

三角 sānjiǎo | triangle

肯定 kěndìng | to approve

起源 qǐyuán | to originate (from)

葬 zàng | to bury

墓 mù | tomb, grave

完好 wánhǎo | in good condition

诉说 sùshuō | to tell

缘 yuán | destiny

注释

儒家 Rújiā

Confucianism, a school of thought represented by Confucius that advocates the rule of rites and traditional ethics.

孔子 Kǒngzǐ

Confucius, a Chinese philosopher and politician of the Spring and Autumn period who is traditionally considered the paragon of Chinese sages.

徐光启 Xú Guāngqǐ

An official of the Ming Dynasty (1368–1644) who actively introduced European science and technology and made great contributions to the cultural exchanges between China and the West in the 17th century.

练习

一、选词填空。

Fill in the blanks with the words given below.

A. 解释　　　B. 精力　　　C. 称赞　　　D. 未来

　　利玛窦用了很大的 _____ 研究儒家思想，他 _____ 孔子是"伟大的名人"，认为儒家经典"四书"和"五经"都是为了国家的美好 _____ 而进行道德教育。他和别人合作完成了用拉丁文 _____ "四书"的工作。此外，《利玛窦日记》也第一次向欧洲全面介绍了中国的思想和文化。

二、根据文章选择正确答案。

Choose the correct answer according to the article.

1. 关于利玛窦，以下哪个说法是正确的？

　　A. 对中文有很大的兴趣

　　B. 对后世影响不大

　　C. 改变了自己的信仰

　　D. 培养了很多数学人才

2. 下面哪项是利玛窦取得的成就？

　　A. 翻译了所有的儒家经典

　　B. 把中国的思想和文化介绍到西方

　　C. 走遍了中国的各大城市

　　D. 让中国人充分了解意大利

三、根据文章判断正误。

Tell right or wrong according to the article.

（　　　　）1. 利玛窦非常尊敬孔子。

（　　　　）2. 利玛窦和别人合作翻译了"四书""五经"。

（　　　　）3. 利玛窦对中国现代数学发展贡献很大。

（　　　　）4. 晚年时，利玛窦回到了欧洲。

（　　　　）5. 利玛窦促进了中西文化交流。

11 茶叶的奇遇

众所周知，茶叶以及茶文化来源于中国。中国人饮茶，少说也有4000多年的历史了。在中国古代，流传着这样一种说法：茶比酒好，因为多喝也不会醉，不会让人清醒之后后悔自己说过的话；茶比水好，因为它不会传播疾病。茶是非常健康的饮料，它能够让人兴奋，也让人更加专心，而且它的功效温和，几乎没有什么副作用。中国各地有丰富的茶叶种类，也有各种类型的饮茶习惯和风俗，它们共同构成了中国人饮茶的文化。

早在西汉时期，中国就曾和南洋许多国家进行贸易，茶叶作为其中最主要的商品之一，深受人们喜爱。在人们眼里，茶叶是中国的代表符号，因此，"丝绸之路"也被称为"丝茶之路"。"海上丝绸之路"的出现，进一步扩大了茶叶的输出范围，中国开始不断地向欧洲提供各类茶叶。

从"陆上丝绸之路"进口茶叶的国家和地区，"茶"的发音跟中文十分相似。而从"海上丝绸之路"进口茶叶的国家和地区，"茶"的发音却似乎跟中文有很大的差异。这是因为"海上丝绸之路"的起点在福建，闽南语的"茶"是"te"，外国商人就模仿了"te"的发音，"tea"（英语）、"thé"（法语）、"té"（西班牙语）和"thee"（荷兰语）等都是"te"的不同形式。

古丝绸之路上流传着这样一句话，"宁可三日无肉，不可一日无茶。"中国俗语也说："开门七件事，柴米油盐酱醋茶。"是的，茶已经成为人们日常生活中离不开的必需品。

本级词

遇 yù | encounter

来源 láiyuán | to originate

清醒 qīngxǐng | clear-headed

兴奋 xīngfèn | excited

专心 zhuānxīn | focused, to be absorbed

几乎 jīhū | nearly, almost

类型 lèixíng | type, sort

构成 gòuchéng | to constitute

眼里 yǎnli | within one's vision

符号 fúhào | symbol

进口 jìnkǒu | to import

似乎 sìhū | seemingly

盐 yán | salt

离不开 lí bu kāi | cannot do without

超纲词

众所周知 zhòngsuǒzhōuzhī | as is known to all

于 yú | from

饮 yǐn | to drink

醉 zuì | to get drunk

后悔 hòuhuǐ | to regret

疾病 jíbìng | illness

饮料 yǐnliào | drink, beverage

功效 gōngxiào | effect

温和 wēnhé | moderate

副作用 fùzuòyòng | side effect

输出 shūchū | output

差异 chāyì | difference

模仿 mófǎng | to imitate

宁可 nìngkě | would rather

俗语 súyǔ | common saying

柴 chái | firewood

酱 jiàng | sauce

醋 cù | vinegar

必需品 bìxūpǐn | necessity

练习

一、选词填空。

Fill in the blanks with the words given below.

A. 类型   B. 来源   C. 离不开   D. 构成

众所周知，茶叶以及茶文化 _____ 于中国。中国各地有丰富的茶叶种类，也保留着各种 _____ 的饮茶习惯和风俗，它们共同 _____ 了中国人饮茶的文化。中国俗语说："开门七件事，柴米油盐酱醋茶。"是的，茶已经成为人们日常生活中 _____ 的必需品。

二、根据文章选择正确答案。

Choose the correct answer according to the article.

1. 关于茶叶，中国古代流传着什么说法？
   A. 不会传播疾病
   B. 喝多了会不清醒
   C. 价格比酒便宜
   D. 不尝尝一定会后悔

2. 根据文章，以下哪个说法是正确的？

　　A. 茶叶最早出现在西汉

　　B. 喝茶能让人感到兴奋

　　C. 茶叶比丝绸更加受欢迎

　　D. 欧洲人最初不太接受茶叶

三、根据文章判断正误。

Tell right or wrong according to the article.

（　　　　）1. 茶叶以及茶文化来源于中国。

（　　　　）2. 很多人认为茶叶是代表中国的符号。

（　　　　）3. 欧洲国家通过"陆上丝绸之路"获得茶叶。

（　　　　）4. 所有国家的"茶"的发音都是来自闽南语。

（　　　　）5. 中国有各种各样的茶叶，也有各种各样的饮茶风俗。

12 郎世宁画马

    郎世宁是意大利人，清朝时以传教士的身份来到中国，后来成为宫廷画家，在中国度过了半个多世纪的时光。

    据记载，郎世宁于公元1688年出生，童年时他就表现出对绘画的极大兴趣，并到当地著名的绘画学校接受严格的训练。后来，他成为一名教会画师，在教堂里画圣像。因为一次偶然的机会，他认识了一位从中国回来的传教士，传教士对中国的描述让他激动万分，去那里传教的梦想改变了郎世宁的一生。

    27岁那年，郎世宁终于来到中国。因为善于绘画，他得到了康熙皇帝的重视，从此成为一名宫廷画家。他大量阅读东方文化经典，学习中国传统绘画的方法，开创了中西结合的新风格。

郎世宁的画作中影响最大、成就最高的是画马的作品，这些作品可以分为两类：第一类作品中，郎世宁会专门写明某匹骏马的名称和进献的部落，记录马的颜色、高度、体长的尺寸，画得极其细致逼真。第二类作品是郎世宁根据自己多年的观察和体会而创作的。这些作品中的马是在综合各种马的形象的基础上创造出来的，他充分发挥了画家的想象力，图中的马显得更加自然、生动。

郎世宁在中国画中创新性地运用了西方绘画的技巧，比如重视比例、明暗等。郎世宁的艺术创作大都以中国的人、事、物为主题，他的作品已经成为中国美术史上的一个重要组成部分。

本级词

身份 shēnfèn | identity

度过 dùguò | to spend

童年 tóngnián | childhood

兴趣 xìngqù | interest

严格 yángé | strict

激动 jīdòng | excited

梦想 mèngxiǎng | dream

阅读 yuèdú | to read

分为 fēnwéi | to divide into

尺寸 chǐcùn | size

综合 zōnghé | synthesize

技巧 jìqiǎo | skill

暗 àn | shade

主题 zhǔtí | theme

超纲词

宫廷 gōngtíng | court

时光 shíguāng | time

绘画 huìhuà | drawing

教会 jiàohuì | church

教堂 jiàotáng | cathedral

偶然 ǒurán | accidentally

开创 kāichuàng | to start, to inaugurate

骏马 jùnmǎ | fine horse

进献 jìnxiàn | to present, to submit

部落 bùluò | tribe

逼真 bīzhēn | lifelike, vivid

注释

康熙 Kāngxī

The third emperor of the Qing Dynasty, reigning from 1661 to 1722. As one of China's most capable rulers, he laid the foundation for a long period of political stability and prosperity.

练习

一、选词填空。

Fill in the blanks with the words given below.

A. 梦想　　　B. 风格　　　C. 善于　　　D. 阅读

到中国传教的 _____ 改变了郎世宁的一生。因为 _____ 绘画，他得到了康熙皇帝的重视，从此成为一名宫廷画家。他大量 _____ 东方文化经典，学习中国传统绘画的方法，开创了中西结合的新 _____。

二、根据文章选择正确答案。

Choose the correct answer according to the article.

1. 郎世宁不具备以下哪种身份？

　　A. 传教士　　　B. 教会画师　　　C. 宫廷画家　　　D. 骑马高手

2. 关于郎世宁，以下哪个说法是正确的?

    A. 他非常善于养马

    B. 他将中国名画介绍给西方

    C. 他的绘画作品具有创新性

    D. 他来中国是为了学习东方文化经典

三、根据文章判断正误。

Tell right or wrong according to the article.

（   ）1. 郎世宁只画动物，而且画马画得最多。

（   ）2. 郎世宁是中国皇帝的绘画老师。

（   ）3. 郎世宁画马的第二类作品体现了他丰富的想像力。

（   ）4. 当时西方绘画更加重视比例和明暗。

（   ）5. 郎世宁绘画结合了中西绘画的技巧。

13 中国宝塔

　　大报恩寺位于南京 中华门外，是中国南方第一座佛教寺庙，其核心建筑是明成祖 朱棣为了纪念父母而建造的琉璃宝塔。宝塔共有9层，高78.2米，施工极其讲究，塔身材料用琉璃烧制，塔内放了一百四十六盏长明灯。这项工程用了近20年时间和200多万两银子才完成。宝塔建好后，被称为"天下第一塔"，明朝时期有一百多个国家的使者前来参观；清朝的康熙、乾隆皇帝来江南时也曾登上此塔。

然而，这座美丽的宝塔后来毁于晚清时期的太平天国战争。1958年，在原址附近出土了大批带有标记的琉璃配件；2008年，专家又发现了一系列世界级的佛教文物；2015年底，重建的宝塔向海内外游客开放。

大报恩寺琉璃宝塔被西方人视为代表中国文化的标志性建筑之一，在欧洲享有盛誉，这主要归功于荷兰人约翰·尼霍夫。1654年，荷兰东印度公司派使团到中国访问，并要求随团的画家把看到的景象描绘下来，作为资料保存，承担这个任务的正是约翰·尼霍夫。

回到荷兰后，尼霍夫出版了游记，他在书里大大地称赞了这座琉璃宝塔。通过绘画，读者可以看到宝塔独特的造型，感受到它惊人的美丽。关于宝塔的记载和绘画被其他书籍不断地引用，它因此成为欧洲人最熟悉的中国建筑。

1839年，著名童话作家安徒生在《天国花园》中写道："我刚从中国来——我在瓷塔周围跳了一阵舞，把所有的铃铛都弄得叮叮当当地响了起来！"实际上，这里的"瓷塔"就是大报恩寺琉璃宝塔。

本级词

宝 bǎo | precious
讲究 jiǎngjiu | exquisite
材料 cáiliào | material
烧 shāo | to burn
项 xiàng | measure word for item
工程 gōngchéng | project
登 dēng | to climb
底 dǐ | end

标志 biāozhì | sign
归 guī | to attribute
资料 zīliào | data
承担 chéngdān | to undertake
造型 zàoxíng | modelling
童话 tónghuà | fairy tale
阵 zhèn | a while

超纲词

塔 tǎ | pagoda
其 qí | it, its
核心 héxīn | core
施工 shīgōng | construction
盏 zhǎn | measure word for lamp, light
前来 qiánlái | to come
毁 huǐ | to ruin, to destroy

出土 chūtǔ | to be excavated
标记 biāojì | mark
配件 pèijiàn | accessories
视为 shìwéi | to regard as
功 gōng | merit
景象 jǐngxiàng | scene
描绘 miáohuì | to portray

出版 chūbǎn | to publish

书籍 shūjí | book

引用 yǐnyòng | to quote

熟悉 shúxi | to be familiar with

铃铛 língdāng | bell

叮当 dīngdāng | jingle, ding dong

练习

一、选词填空。

Fill in the blanks with the words given below.

A. 资料　　　B. 标志　　　C. 承担　　　D. 造型

西方人认为<u>大报恩寺</u>琉璃宝塔是代表<u>中国</u>文化的 _____ 性建筑之一，这主要归功于<u>荷兰</u>人<u>约翰·尼霍夫</u>。1654年，<u>荷兰</u> 东印度公司派使团到<u>中国</u>访问，并要求随团的画家把看到的景象描绘下来，作为 _____ 保存，_____ 这个任务的正是<u>约翰·尼霍夫</u>。回到<u>荷兰</u>后，<u>尼霍夫</u>出版了游记，他在书里大大地称赞了这座宝塔。通过绘画，读者可以看到宝塔独特的 _____。

二、根据文章选择正确答案。

Choose the correct answer according to the article.

1. 关于<u>琉璃宝塔</u>，以下哪个说法是正确的?

A. 是<u>中国</u>第一个<u>佛教</u>寺庙　　　B. 从<u>明</u>代到现在都保存完好

C. 是<u>朱棣</u>为了纪念父母而建造的　　　D. 所有部分都是用琉璃烧制而成

52

2. 琉璃宝塔为什么在欧洲享有盛誉？

    A. 作家安徒生在童话中提到了宝塔

    B. 尼霍夫的书和绘画介绍了宝塔

    C. 宝塔是欧洲人最喜欢的建筑之一

    D. 欧洲人对琉璃比对瓷器更感兴趣

三、根据文章判断正误。

Tell right or wrong according to the article.

（   ）1. 琉璃宝塔是大报恩寺的核心建筑。

（   ）2. 塔身用琉璃制作，费用不高。

（   ）3. 宝塔毁于明朝的战争中。

（   ）4. 尼霍夫在游记中对宝塔的评价很高。

（   ）5. 安徒生误以为这座宝塔是瓷塔。

14 魏源与
《海国图志》

1840年，中英两国发生了鸦片战争，中国战败了。在当时的清政府腐败、落后的统治下，人民生活在水深火热之中，很多知识分子都在寻找救国的方案。

魏源是扬州的官员，对于中国应该走什么样的道路，他与好朋友林则徐、龚自珍等人常常发生争论。魏源认为，中国人应该学习西方的先进技术，改正自身的缺点，这样才能让中国变得强大。他陆续写了不少议论类文章，讲述自己对中国前途的观察和思考。

后来，在林则徐的请求下，魏源以林则徐组织编写的《四洲志》为基础，参考了国内外各种历史记录，出色地完成了《海国图志》的编写工作。这是中国近代史上第一部由中国人自己编写的介绍西方各国情况的著作，内容包含西方国家的政治、经济、军事、历史、地理、文化等，他还总结了鸦片战争失败的教训，提出了治理国家的新思路。

《海国图志》的出版具有划时代的意义，它给封闭已久的中国人带来了"近代世界"的概念，让人们打破旧观念，了解到欧洲国家的工商业、铁路交通、学校教育等新鲜事物。晚清时期，曾国藩（Zēng Guófān）、左 宗棠（Zuǒ Zōngtáng）等人发起"洋务运动"，向外国学习科学技术，发展工业，也是受到了魏源的启发。

魏源是当之无愧的"中国近代史上开眼看世界的第一人"。

本级词

败 bài | to lose, to be defeated

争论 zhēnglùn | to argue

改正 gǎizhèng | to correct

议论 yìlùn | comment

前途 qiántú | future, prospect

思考 sīkǎo | thought

参考 cānkǎo | to refer to, to consult

出色 chūsè | outstanding

近代 jìndài | modern

包含 bāohán | to contain

教训 jiàoxùn | lesson

封闭 fēngbì | closed

新鲜 xīnxiān | fresh

超纲词

腐败 fǔbài | corrupted

统治 tǒngzhì | rule

知识分子 zhīshi fènzǐ | intellectual

组织 zǔzhī | to organize

军事 jūnshì | military affairs

治理 zhìlǐ | to manage, to govern

思路 sīlù | train of thought

划时代 huàshídài | epoch-making

工商 gōngshāng | industry and commerce

发起 fāqǐ | to initiate, to start

启发 qǐfā | inspiration

当之无愧 dāngzhīwúkuì | worthy, well-deserved

鸦片战争 Yāpiàn Zhànzhēng

The Opium War, a war of agression started by Britain from 1840 to 1842, considered as the beginning of the humiliation suffered by modern China.

林则徐 Lín Zéxú

A Chinese statesman, litterateur and thinker in the Qing dynasty, praised as a national hero for advocating the prohibition of opium.

洋务运动 Yángwù Yùndòng

The Self-Strengthening Movement, also known as the Westernization or Western Affairs Movement (C. 1861–1895), was a period of radical institutional reforms in areas such as industry, technology, science, education, politics, economics, etc.

练习

一、选词填空。

Fill in the blanks with the words given below.

A. 教训　　　B. 参考　　　C. 包含　　　D. 出色

魏源 _____ 了国内外各种历史记录，_____ 地完成了《海国图志》的编写工作。这本书系统地介绍了西方各国的情况，_____ 政治、经济、军事、历史、地理、文化等方面的内容。他还总结了鸦片战争失败的 _____，提出了治理国家的新思路。

二、根据文章选择正确答案。

Choose the correct answer according to the article.

1. 第一段中，"人民生活在水深火热之中"指的是人民：

A 生活在痛苦之中　　　　　　　B 对未来充满了希望

C 坚决反对清政府发动战争　　　D 对国家的前途展开热烈讨论

2. 关于《海国图志》，以下哪个说法是正确的？

A. 是魏源翻译的　　　　　　　　B. 内容主要关于战争

C. 在当时遭到批评　　　　　　　D. 影响非常深远

三、根据文章判断正误。

Tell right or wrong according to the article.

（　　　）《海国图志》是魏源和林则徐、龚自珍合作编写的。

（　　　）《海国图志》是中国近代史上第一部由中国人自己编写的介绍西方
各国情况的著作。

（　　　）《海国图志》系统地介绍了世界上大部分国家的历史和地理情况。

（　　　）《海国图志》让中国人打破了封闭的状态。

（　　　）魏源认为自己是"中国近代史上开眼看世界的第一人"。

15 留美幼童

Róng Hóng

　　19世纪末，清朝政府先后派出4批共120名学生去美国留学，他们是中国历史上最早的官派留学生。这批学生出国时，平均年纪只有12岁，他们有一个共同的名字——"留美幼童"。1872年9月14日，第一批"留美幼童"花了一个多月的时间才到达美国。当轮船靠岸时，领队的官员容闳对他们说，脚下的土地就是他们新的起点。

　　第二天，《纽约时报》刊登了这样一篇报道："昨天有30名优秀的淑女和绅士到达这里，由三名中国官员陪同他们，清朝政府在这些学生的教育上要投入100万美元。"这里有一个误会——这30名中国学生都是男的，但因为头上留着辫子，身穿长袍，就被美国记者当作"淑女"了。

　　这批学生坐火车到达美国东部的新英格兰，分散居住在40多户美国人家中。"留美幼童"们以惊人的速度过了语言关，迅速适应了美国的文化，并且成为学校里成绩最突出的学生。后来，他们中很多人考入了美国的顶尖大学，还有人受到了美国总统的接见。

1881年9月，清朝政府突然要求所有"留美幼童"立即回国，他们被迫中断学习，回到了中国。当时，只有詹天佑和欧阳庚二人顺利地从耶鲁大学毕业。
Zhān Tiānyòu *Ōuyáng Gēng*
回国后，这批人才分散到政治界、军事界、工商业界、知识界等各个领域，在各行各业发光发热，詹天佑成为中国最著名的铁路工程师之一。他们中还出现了中华民国的第一位总理，出现了清华大学、天津大学的第一代校长以及中国最早的外交官等。

这些"留美幼童"凭着自己的眼界和学识，在不同的位置上为中国的现代化做出了重要的贡献。如今，留学教育已经在中国普及，为中国的发展培养了越来越多的国际化人才。

本级词

末 mò | end

平均 píngjūn | average

轮船 lúnchuán | ship

土地 tǔdì | earth

优秀 yōuxiù | excellent

投入 tóurù | to devote

误会 wùhuì | misunderstanding

分散 fēnsàn | to disperse

户 hù | measure word for family

关 guān | difficulty, barrier

总统 zǒngtǒng | president

毕业 bìyè | to graduate

总理 zǒnglǐ | prime minister

外交官 wàijiāoguān | diplomat

位置 wèizhì | position

培养 péiyǎng | to cultivate

超纲词

岸 àn | shore, bank

刊登 kāndēng | to publish

淑女 shūnǚ | lady

绅士 shēnshì | gentleman

陪同 péitóng | to accompany

辫子 biànzi | braid

袍 páo | robe, gown

惊人 jīngrén | amazing

顶尖 dǐngjiān | top

接见 jiējiàn | to grant an interview to

中断 zhōngduàn | to break off

界 jiè | circles

领域 lǐngyù | field

凭着 píngzhe | on the basis of, by virtue of

眼界 yǎnjiè | horizons, field of vision

注释

容闳 Róng Hóng

The first Chinese student who graduated from the Yale University. He was a forerunner of the cause of Chinese international students, known as the "Father of Chinese International Students".

詹天佑 Zhān Tiānyòu

A national hero for his role in building China's railroad system, the chief designer of the first railway project built by Chinese engineers, Beijing-Zhangjiakou Railway. He was widely regarded as the "Father of China's Railroad".

练 习

一、选词填空。

Fill in the blanks with the words given below.

A. 平均　　　B. 位置　　　C. 末　　　D. 分散

19世纪 _____，第一批"留美幼童"出国时，_____ 年纪只有12岁，他们很快就过了语言关，迅速适应了<u>美国</u>的文化。后来，他们被迫中断学习，回到了<u>中国</u>。这批人才 _____ 到<u>中国</u>的政治界、军事界、工商业界、知识界等各个领域，在不同的 _____ 上为<u>中国</u>的现代化做出了重要的贡献。

二、根据文章选择正确答案。

Choose the correct answer according to the article.

1. 关于"留美幼童"，以下哪个说法是正确的？

    A. 他们中有男性和女性   B. 他们都是官员的孩子

    C. 他们在美国家庭中生活   D. 他们都来自富人的家庭

2. 关于"留美幼童"回国后的情况，以下哪个说法是正确的？

    A. 翻译了大量西方经典   B. 在各个行业有所成就

    C. 都成为政府高级官员   D. 很多人又回到了美国

三、根据文章判断正误。

Tell right or wrong according to the article.

（   ）1. "留美幼童"指中国历史上最早的官派留学生。

（   ）2. "留美幼童"们出国时都是12岁。

（   ）3. "留美幼童"们在美国学校里成绩突出，十分优秀。

（   ）4. "留美幼童"们都在美国大学毕业之后才回国。

（   ）5. "留美幼童"们为中国的现代化做出重要贡献。

16 冼星海大街

在很多国家，人们都会用名人的姓名来给街道命名，但是你知道吗？在哈萨克斯坦的阿拉木图，竟然有一条用中国人的名字命名的"冼星海大街"。

冼星海是中国著名的作曲家，被誉为"人民音乐家"，代表作有《黄河大合唱》等。1941年，苏德战争爆发，冼星海当时在苏联，他迫切地想回到中国，但途中却被迫留在了哈萨克斯坦的阿拉木图。那时正值寒冷的冬季，冼星海又冷又饿，只能抱着小提琴坐在路边。哈萨克的著名音乐家拜卡达莫夫偶然遇见了冼星海，看到他连一件厚一点儿的外套都没有，就停下了脚步，把他带回了有暖气的家中，给他提供了水和食物。后来，热心的拜卡达莫夫不仅为他提供固定的住所，还给他介绍工作。两位音乐家在困境中依然坚持自己的音乐理想，在奋斗过程中成了亲密的朋友。他们的生活虽然很苦，但也有不少快乐。

冼星海在阿拉木图受到当地朋友的关心和照顾，从中获取了巨大的勇气和力量，创作出一批情感激烈的音乐作品，如《民族解放》《中国狂想曲》等，还收集和重新编写了大量哈萨克民族传统音乐。

或许是因为保密工作的需要，冼星海在阿拉木图使用的是化名"黄^{Huáng Xùn}训"。后来，冼星海的肺病越来越严重，去往莫斯科治疗。拜卡达莫夫从报纸上看到中国著名音乐家在莫斯科逝世的消息，才吃惊地发现，原来"黄训"就是冼星海。拜卡达莫夫一家找到了冼星海的家人并交还了遗物，两家人因此建立了长久的友谊。

1998年，冼星海在阿拉木图居住过的街道被正式命名为"冼星海大街"，以此来纪念那段动荡岁月中，两位音乐家以及两国人民的宝贵情谊。

本级词

竟然 jìngrán | unexpectedly

迫切 pòqiè | urgent

寒冷 hánlěng | cold, chilly

冬季 dōngjì | winter

抱 bào | to hold in the arms, to embrace

遇见 yùjiàn | to meet, to encounter

外套 wàitào | coat

停下 tíngxià | to stop

暖气 nuǎnqì | central heating equipment

热心 rèxīn | warm-hearted

固定 gùdìng | fixed, permanent

奋斗 fèndòu | to struggle

亲密 qīnmì | intimate

苦 kǔ | hard, bitter

获取 huòqǔ | to obtain

激烈 jīliè | intense, fierce

或许 huòxǔ | maybe, perhaps

保密 bǎomì | to maintain secrecy

严重 yánzhòng | serious

治疗 zhìliáo | to cure

吃惊 chījīng | shocked, surprised

宝贵 bǎoguì | precious

超纲词

命名 mìngmíng | to name

作曲家 zuòqǔjiā | composer

合唱 héchàng | chorus

小提琴 xiǎotíqín | violin

困境 kùnjìng | dilemma

解放 jiěfàng | liberation

收集 shōují | to collect

肺 fèi | lung

逝世 shìshì | to pass away

遗物 yíwù | relics, remains

动荡 dòngdàng | unrest, upheaval

练习

一、选词填空。

Fill in the blanks with the words given below.

A. 固定　　　B. 寒冷　　　C. 获取　　　D. 激烈

冼星海留在阿拉木图的时候，正值 _____ 的冬季，他没有 _____ 的住处，生活十分困难。后来，他受到当地朋友的关心和照顾，从中 _____ 了巨大的勇气和力量，创作出一批情感 _____ 的音乐作品。

二、根据文章选择正确答案。

Choose the correct answer according to the article.

1. 冼星海去阿拉木图是因为 _____。
    A. 他在当地找到了工作
    B. 他认识很多当地朋友
    C. 他想经过这里回到中国
    D. 他想收集当地的传统音乐

2. 关于拜卡达莫夫，以下哪个说法是正确的？
    A. 他是冼星海的乐迷
    B. 他是音乐学院的学生
    C. 他与冼星海家人建立了友谊
    D. 他提出用"冼星海"命名大街的建议

三、根据文章判断正误。

Tell right or wrong according to the article.

（　　）1. 很多国家都有用名人的姓名来命名的街道。

（　　）2. 冼星海刚到阿拉木图时生活很困难，好在拜卡达莫夫收留了他。

（　　）3. 拜卡达莫夫收集和重新编写了大量哈萨克民族传统音乐。

（　　）4. 冼星海离开阿拉木图前告诉了朋友自己的真名。

（　　）5. 阿拉木图最长的街道被命名为"冼星海大街"。

17 熊猫大使

　　大熊猫是中国的国宝，深受世界各国人民的喜爱。大熊猫身体庞大，头圆圆的，尾巴短短的，身体毛色大多黑白相间，非常可爱。

　　大熊猫很早以前就开始担任"动物外交官"。根据记载，公元685年，唐朝武则天曾赠送给日本一对熊猫。到了现代，40多只大熊猫作为中国的"友好大使"出使各国，分布在各个大陆。

　　大熊猫到达之后，往往会在当地引起"熊猫热"。比如"玲玲"和"兴兴"第一次在华盛顿国家动物园与美国人民见面时，前来参观的人很多，堵车严重，动物园门前的汽车排起了长队。自"福娃"和"凤仪"抵达马来西亚后，当时的总理在一个月内两次前往动物园探望它们，还亲自给它们喂竹子吃。大熊猫"梦梦"和"娇庆"是德国柏林动物园的"明星居民"，动物园的商店里还出售各种大熊猫主题的纪念品。日本上野动物园诞生了一对大熊猫双胞胎，人们需要抽签才能排队观赏熊猫宝宝们1分钟。

　　出于动物保护的需要，中国政府从1982年开始停止外派"熊猫大使"，替代的做法是与各国进行合作研究。但是世界各地的"熊猫热"并没有降温，人们对大熊猫的喜爱从未减少。大熊猫可爱的形象已经成为中国文化的符号之一，"熊猫大使"在中外交流过程中扮演了重要角色，拉近了人们之间的距离，同时，在保护全球生物多样性方面也发挥了积极作用。

本级词

尾巴 wěiba | tail

色 sè | colour

分布 fēnbù | to distribute

大陆 dàlù | continent

引起 yǐnqǐ | to cause, to lead to

堵车 dǔchē | traffic jam

自 zì | from

居民 jūmín | resident

出售 chūshòu | to sell

替代 tìdài | to replace

降温 jiàngwēn | to cool down

减少 jiǎnshǎo | to reduce

角色 juésè | role

距离 jùlí | distance

超纲词

大熊猫 dàxióngmāo | panda

庞大 pángdà | huge

赠送 zèngsòng | to give as a gift

抵达 dǐdá | to arrive

探望 tànwàng | to pay a visit

竹子 zhúzi | bamboo

诞生 dànshēng | to be born

双胞胎 shuāngbāotāi | twins

抽签 chōuqiān | to draw lots

出于 chūyú | out of

扮演 bànyǎn | to play (the part of)

生物 shēngwù | living thing

注释

武则天 Wǔ Zétiān

Wu Zetian, personal name Wu Zhao, was the de facto ruler of the Tang dynasty from 665 to 705. She was the only female sovereign in the history of China regarded as legitimate.

练习

一、选词填空。

Fill in the blanks with the words given below.

A. 角色 B. 替代 C. 距离 D. 减少

  出于动物保护的需要，<u>中国</u>政府用合作研究 _____ 了外派"熊猫大使"。但是世界各地的"熊猫热"并没有降温，人们对它们的喜爱从未 _____。大熊猫可爱的形象已经成为<u>中国</u>文化的符号之一，"熊猫大使"在中外交流过程中扮演了重要 _____，拉近了人们之间的 _____。

二、根据文章选择正确答案。

Choose the correct answer according to the article.

1. 大熊猫被称为"熊猫大使"是因为 _____。

  A. 它是<u>中国</u>的国宝

  B. 孩子们特别喜欢它

  C. 它是中外交流的使者

  D. 很多国家动物园都有它

2. 关于"熊猫热"，以下哪个选项在文章中没有提及？

  A. 当地人排队看大熊猫

  B. 抽签看大熊猫双胞胎

  C. 动物园出售熊猫纪念品

  D. 很多明星都喜爱大熊猫

三、根据文章判断正误。

Tell right or wrong according to the article.

（　　　）1. 大熊猫从<u>唐</u>朝时期就开始担任"动物外交官"。

（　　　）2. 现在世界上每个国家的动物园里都有大熊猫。

（　　　）3. <u>美国</u>人民不喜欢大熊猫"<u>玲玲</u>"和"<u>兴兴</u>"。

（　　　）4. 为了保护大熊猫，<u>中国</u>从1982年开始停止外派"熊猫大使"。

（　　　）5. "熊猫大使"为促进中外友谊做出了突出的贡献。

18 "有名"的
中国菜

　　很多人喜爱中餐，但在海外的中餐馆里，有一些中国人从未听说过的中国菜，可以说，这些菜是当地人想象出来的"有名"的中国菜。

　　"左宗棠鸡"被列为"美国最有名的中国菜"中的第一名，甚至在美国的学校食堂都能吃到这道菜，但在中国却很少见到。湖南人彭长贵在纽约开了一家中餐厅，他自创了这道菜，由于味道浓郁鲜美，美国前国务卿基辛格对这道菜大加赞赏。记者报道后，人们纷纷前去品尝，"左宗棠鸡"很快就火遍了全美。这道菜实际上和左宗棠没有任何关系，彭长贵给菜命名时，考虑到左宗棠将军的老家也是湖南，他就按照中国人以人名为菜名的传统，取了这个名字。

同样，在中国根本吃不到的"李鸿章杂碎"是怎么来的呢？传说李鸿章访问美国时，身体不太舒服，想吃一道容易消化的菜。于是中餐馆的厨师就随手挑选了几样荤菜和蔬菜切碎，制作出了一道新菜"杂碎"，这道菜不仅征服了李鸿章，也得到了普通顾客的喜爱。

除了菜，还有不少"有名"的主食和小吃。"天津饭"是日本流行的"中国料理"，可是这道菜就是普通的蛋包饭，和天津有什么关系呢？实际上，最初用的米饭是中国天津所产的大米，因此这个名字就流传了下来。在美国的中餐馆里，"炸蟹角"是很受欢迎的小吃，但其实中国各地都没有这样的食物。

一般来说，在美国的中餐馆里，餐后都会有幸运饼干，它形状独特，像个元宝，里面还包裹着一张小纸条，上面写着一些有趣的句子。但是在中国，餐后肯定是见不到这个小"元宝"的。

没想到吧，这些"有名"的中国菜都不是地道的中国菜。不过，它们使很多人对中国菜产生了兴趣，功劳也是很大的。

本级词

列为 lièwéi | to be listed in

食堂 shítáng | dining hall

鲜 xiān | fresh and delicious

赞赏 zànshǎng | to praise

纷纷 fēnfēn | one after another in succession

考虑 kǎolǜ | to consider

老家 lǎojiā | ancestral home

消化 xiāohuà | to digest

随手 suíshǒu | conveniently

挑选 tiāoxuǎn | to choose, to pick

切 qiē | to cut

征服 zhēngfú | to conquer

小吃 xiǎochī | snack

最初 zuìchū | first, at the (very) beginning

一般来说 yìbānláishuō | generally speaking

包裹 bāoguǒ | to wrap

超纲词

浓郁 nóngyù | strong, rich

将军 jiāngjūn | general

碎 suì | fragmentary

主食 zhǔshí | staple food

料理 liàolǐ | cuisine

元宝 yuánbǎo | silver ingot formerly used as money

地道 dìdao | authentic, idiomatic

功劳 gōngláo | contribution

李鸿章 Lǐ Hóngzhāng

A leading Chinese statesman, diplomat and military general of the 19th century in the late Qing dynasty, the leading exponent of the Westernization Movement.

练习

一、选词填空。

Fill in the blanks with the words given below.

A. 纷纷   B. 按照   C. 考虑   D. 赞赏

美国前国务卿基辛格对"左宗棠鸡"这道菜大加 _____。记者报道后，人们 _____ 前去品尝，"左宗棠鸡"很快就火遍了全美。这道菜实际上和左宗棠没有任何关系，湖南人彭长贵给菜命名时，_____ 到左宗棠将军的老家也是湖南，他就 _____ 中国人以人名为菜名的传统，取了这个名字。

二、根据文章选择正确答案。

Choose the correct answer according to the article.

1. 关于"左宗棠鸡"，以下哪个说法是正确的？

   A. 做法非常简单   B. 是地道的上海菜

   C. 以厨师名字命名   D. 在中国很少见到

2. 关于幸运饼干，以下哪个说法是正确的?

    A. 味道非常好

    B. 价格比较贵

    C. 最初出现在<u>中国</u>

    D. 里面含有小纸条

三、根据文章判断正误。

Tell right or wrong according to the article.

（   ）1. <u>彭长贵</u>是<u>左宗棠</u>将军家的厨师。

（   ）2. <u>纽约</u>的记者非常喜欢"<u>左宗棠</u>鸡"，所以写了报道。

（   ）3. "<u>李鸿章</u>杂碎"是比较容易消化的菜。

（   ）4. "<u>天津</u>饭"的原料只能使用<u>天津</u>产的大米。

（   ）5. 海外中餐馆的<u>中国</u>菜不一定很地道。

19 你好！中文

　　五年前，<u>王远</u>在<u>西安</u>上大学，他的班上有两个国际学生。<u>王远</u>是个热心人，常常利用自己的<u>业余</u>时间辅导他们学习<u>中文</u>，假期时也带他们一起去参观名胜古迹。三个人相处得很好，<u>王远</u>也从他们那儿了解到了不同国家的文化和风俗。这段经历在他心里种下了一颗种子——成为一名专业的国际<u>中文</u>教师。本科毕业后，<u>王远</u>报考了国际<u>中文</u>教育方向的研究生。读研期间，他作为"国际<u>中文</u>教育志愿者"到泰国教<u>中文</u>。他的学生越来越多，朋友越来越多，经验更加丰富，他也更加深刻地意识到了这项事业的意义。

　　<u>李彤</u>（LǏ Tóng）小学时偶然从电视机里看到了<u>中国</u>功夫，她一下子就被吸引住了。"看<u>中国</u>功夫电影成了我最着迷的事儿，我做梦也想学功夫。爸爸说，假如我想去<u>中国</u>学功夫，就得先学好<u>中文</u>。他说服了妈妈，把我送进了<u>中文</u>学校。"在采访

中，<u>李彤</u>告诉记者，在<u>中文</u>学校的武术课上，她跟几个<u>中国</u>同学成为<u>好友</u>，更<u>期待</u>有一天能去<u>中国</u>看看。<u>李彤</u>在一次<u>中文</u>演讲比赛中获得了<u>冠军</u>，因此获得了到<u>中国</u>留学的<u>奖学金</u>。现在，<u>李彤</u>已经适应了在<u>中国</u>的生活，而且加入了学校的武术社。除了武术，她对<u>中国</u>的<u>书法</u>、绘画和<u>舞蹈</u>也很感兴趣。她<u>微笑</u>着说："学习<u>中文</u>改变了我的人生，今后我想从事中非之间的文化交流工作。"

王远和<u>李彤</u>的故事从<u>侧面</u>反映了国际<u>中文</u>教育的发展。据不完全<u>统计</u>，目前全球正在学习<u>中文</u>的人数超过5 000万，近80个国家将<u>中文</u><u>纳入</u><u>国民</u>教育<u>体系</u>，全球<u>累计</u>学习、使用<u>中文</u>的人数接近2亿人，<u>中文</u>在国际交往中的作用<u>日益</u><u>凸显</u>，影响力也在不断上升。

本级词

业余 yèyú | after-hours, spare (time)

种 zhòng | to plant

本科 běnkē | undergraduate course

研究生 yánjiūshēng | graduate student

做梦 zuòmèng | to dream

假如 jiǎrú | if

得 děi | should (to indicate an actual necessity)

采访 cǎifǎng | to interview

好友 hǎoyǒu | good friend

期待 qīdài | to expect

奖学金 jiǎngxuéjīn | scholarship

微笑 wēixiào | to smile

统计 tǒngjì | statistics

超纲词

辅导 fǔdǎo | to tutor

名胜古迹 míngshèng gǔjì | scenic spot and historic resort

颗 kē | measure word for things small and roundish

报考 bàokǎo | to register for an examination

意识 yìshí | to realize

一下子 yíxiàzi | at once, all of a sudden

冠军 guànjūn | champion

书法 shūfǎ | calligraphy

舞蹈 wǔdǎo | dance

侧面 cèmiàn | side, aspect

纳入 nàrù | to bring into

国民 guómín | citizen, national

体系 tǐxì | system, structure

累计 lěijì | total

日益 rìyì | increasingly

凸显 tūxiǎn | to show clearly

练习

一、选词填空。

Fill in the blanks with the words given below.

A. 说服　　　　B. 做梦　　　　C. 假如　　　　D. 期待

　　李彤喜爱中国功夫，＿＿＿＿＿也想学功夫。她爸爸说，＿＿＿＿＿她想去中国学功夫，就得先学好中文。他＿＿＿＿＿了李彤妈妈，把李彤送进了中文学校。李彤在中文学校跟几个中国同学成为好友，更＿＿＿＿＿有一天能去中国看看。

二、根据文章选择正确答案。

Choose the correct answer according to the article.

1. 关于王远，以下哪个说法是正确的?

　　A. 他是主动帮助别人的热心人

　　B. 老师安排他辅导国际学生

　　C. 他本科专业是国际中文教育

　　D. 他研究生毕业后到泰国工作

2. 关于<u>李彤</u>，以下哪个说法是正确的?

    A. 她从小就很喜欢看电视

    B. 她获得了武术比赛冠军

    C. 她靠自己获得了奖学金

    D. 她毕业后要在<u>中国</u>工作

三、根据文章判断正误。

Tell right or wrong according to the article.

（   ）1. 在国际学生的影响下，<u>王远</u>计划去海外留学。

（   ）2. <u>王远</u>认为做国际<u>中文</u>教育志愿者是很有意义的。

（   ）3. <u>李彤</u>的父母把她送进了武术学校。

（   ）4. <u>李彤</u>现在已经完全适应了在<u>中国</u>的生活。

（   ）5. 国际<u>中文</u>教育的发展非常迅速，影响力也越来越大。

20 海外华侨华人

长期以来，海外华侨华人在中国社会发展进程中，发挥了独特的作用。可以说，中国今日的发展成就，离不开海外华侨华人的无私付出。

1911年，孙中山先生领导的"辛亥革命"结束了中国两千多年来的封建帝制。"辛亥革命"之所以能够取得成功，与海外华侨华人的积极参与和大力支持是分不开的。

抗日战争期间，出现了三千多个华侨华人救国团体。许多华侨华人联合起来，他们不仅捐款捐物，还号召青年们回国参战。回国参战的青年们普遍受过良好的教育，其中很多人成为像空军这样的技术兵种的主力。著名的华侨领袖陈嘉庚先生在几十年的时间里大量捐款，创办了厦门大学、集美中学等学校以及同民医院等社会服务机构。

1949年，中华人民共和国成立前后，大批有学问的华侨华人放弃了海外优厚的工作待遇和舒适的生活条件，克服种种困难，回到生活艰苦、条件落后的祖国，缓解了建国初期高技术人才短缺的状况，为中国的经济建设，尤其是科技事业的发展立下了很大的功劳。

中国对外开放之后，华侨华人是最主要的海外投资者。在制造业最发达的珠三角地区，半数以上的外来直接投资来自华人华侨、港澳台同胞。随着经济全球化的发展，中国加入世界贸易组织，企业与产品"走出去"成为新的趋势。华侨华人将大量的中国名牌产品介绍到全球市场，成为中国企业走向海外的"领路人"。

本级词

付出 fùchū | devotion, giving

良好 liánghǎo | good

兵 bīng | soldier

机构 jīgòu | agency

待遇 dàiyù | treatment

舒适 shūshì | comfortable

缓解 huǎnjiě | to relieve

投资 tóuzī | investment

加入 jiārù | to join

企业 qǐyè | enterprise

趋势 qūshì | trend

名牌 míngpái | famous brand

超纲词

华侨 huáqiáo | overseas Chinese

长期以来 chángqī yǐlái | for a long time

进程 jìnchéng | process

封建 fēngjiàn | feudalism

帝制 dìzhì | imperial regime

捐款 juānkuǎn | to donate

号召 hàozhào | to call

空军 kōngjūn | air force

主力 zhǔlì | main force

领袖 lǐngxiù | leader

创办 chuàngbàn | to start

优厚 yōuhòu | favorable

短缺 duǎnquē | shortage

同胞 tóngbāo | compatriot

辛亥革命 Xīnhài Gémìng

The Revolution of 1911, the Chinese bourgeois democratic revolution led by Dr. Sun Yat-Sen which overthrew the feudal rule of the Qing Dynasty.

抗日战争 Kàng Rì Zhànzhēng

The War of Resistance Against Japanese Aggression (1931–1945).

陈嘉庚 Chén Jiāgēng

A famous patriotic Chinese leader, entrepreneur, educator, philanthropist, social activist.

练 习

一、选词填空。

Fill in the blanks with the words given below.

A. 加入   B. 名牌   C. 投资   D. 趋势

对外开放之后，中国最主要的海外 _____ 者就是华侨华人。随着经济全球化的发展，中国 _____ 世界贸易组织，"走出去"成为企业发展的新 _____。华侨华人将大量的中国 _____ 产品介绍到全球市场，是中国企业走向海外的"领路人"。

二、根据文章选择正确答案。

Choose the correct answer according to the article.

1. 这篇文章主要谈了海外华侨华人的哪方面？

    A. 主要从事的行业   B. 在海外的分布情况

    C. 对传统文化的继承   D. 对中国发展的贡献

2. 1949年前后，华侨华人的主要贡献是什么？

    A. 在中国创办学校和医院   B. 科技人才回国参与建设

    C. 资助年轻学生到海外留学   D. 将中国产品介绍到世界各地

三、根据文章判断正误。

Tell right or wrong according to the article.

（   ）1. 华侨华人普遍在海外取得了较高的社会地位。

（   ）2. 孙中山领导的"辛亥革命"得到了华侨华人的大力支持。

（   ）3. 陈嘉庚先生是非常著名的大学教授。

（   ）4. 不少华侨华人为了建设祖国，放弃了海外的舒适生活。

（   ）5. 在中国企业"走出去"的过程中，华侨华人提供了不少帮助。

练习参考答案

1 徐福渡海

一、B   A   C   D

二、1. B   2. D

三、1. ×   2. ×   3. √   4. √   5. ×

2 张骞出使西域

一、C   D   B   A

二、1. B   2. C

三、1. ×   2. ×   3. ×   4. √   5. √

3 海上丝绸之路

一、B   D   A   C

二、1. D   2. A

三、1. ×   2. √   3. ×   4. ×   5. √

4 玄奘西游与鉴真东渡

一、C   D   A   B

二、1. D   2. C

三、1. √   2. ×   3. √   4. √   5. √

5 朝鲜诗人崔致远

一、C   B   A   D

二、1. B   2. C

三、1. ×   2. √   3. ×   4. √   5. √

6 外来的食物

一、C   A   D   B

二、1. A   2. D

三、1. ×   2. ×   3. ×   4. √   5. √

7 《马可·波罗游记》

一、B   D   A   C

二、1. C   2. D

三、1. √   2. ×   3. √   4. √   5. √

8 泉州的故事

　　一、C　　　B　　　D　　　A

　　二、1. C　　2. D

　　三、1. √　　2. √　　3. ×　　4. ×　　5. √

9 郑和下西洋

　　一、C　　　A　　　D　　　E　　　B

　　二、1. C　　2. A

　　三、1. ×　　2. √　　3. ×　　4. ×　　5. √

10 利玛窦

　　一、B　　　C　　　D　　　A

　　二、1. A　　2. B

　　三、1. √　　2. ×　　3. √　　4. ×　　5. √

11 茶叶的奇遇

　　一、B　　　A　　　D　　　C

　　二、1. A　　2. B

　　三、1. √　　2. √　　3. ×　　4. ×　　5. √

12 郎世宁画马

　　一、A　　　C　　　D　　　B

　　二、1. D　　2. C

　　三、1. ×　　2. ×　　3. √　　4. √　　5. √

13 中国宝塔

　　一、B　　　A　　　C　　　D

　　二、1. C　　2. B

　　三、1. √　　2. ×　　3. ×　　4. √　　5. √

14 魏源与《海国图志》

　　一、B　　　D　　　C　　　A

　　二、1. A　　2. D

　　三、1. ×　　2. √　　3. ×　　4. √　　5. ×

15 留美幼童

　　一、C　　　A　　　D　　　B

　　二、1. C　　2. B

　　三、1. √　　2. ×　　3. √　　4. ×　　5. √

16 冼星海大街

　　一、B　　　A　　　C　　　D

　　二、1. C　　2. C

　　三、1. √　　2. √　　3. ×　　4. ×　　5. ×

17 熊猫大使

　　一、B　　　D　　　A　　　C

　　二、1. C　　2. D

　　三、1. √　　2. ×　　3. ×　　4. √　　5. √

18 "有名"的中国菜

　　一、D　　　A　　　C　　　B

　　二、1. D　　2. D

　　三、1. ×　　2. ×　　3. √　　4. ×　　5. √

19 你好！中文

　　一、B　　　C　　　A　　　D

　　二、1. A　　2. C

　　三、1. ×　　2. √　　3. ×　　4. √　　5. √

20 海外华侨华人

　　一、C　　　A　　　D　　　B

　　二、1. D　　2. B

　　三、1. ×　　2. √　　3. ×　　4. √　　5. √

词汇表

94

版权声明

为了满足全球中文学习者的需求，我们在编写本套丛书时，对标《国际中文教育中文水平等级标准》，部分课文在已有文本的基础上稍作改动，以适应中文学习者的不同水平和阅读习惯。由于诸多客观原因，虽然我们做了多方面的努力，但仍无法与部分原作者取得联系。部分作品无法确认作者信息，故未署上作者的名字，敬请谅解。

国际中文的推广任重而道远，我们希望能得到相关著作权人的理解和支持。若有版权相关问题，您可与我们联系，我们将妥善处理。

编者

2023 年 10 月

图书在版编目（CIP）数据

沟通中西 / 刘影，叶丹丹编 . -- 上海：上海外语
教育出版社，2024
（阅读中国·外教社中文分级系列读物 / 程爱民总
主编 . 四级）
ISBN 978-7-5446-7839-1

Ⅰ. ①沟… Ⅱ. ①刘… ②叶… Ⅲ. ①汉语—对外汉
语教学—语言读物 Ⅳ. ① H195.5

中国国家版本馆 CIP 数据核字（2023）第 142490 号

出版发行：**上海外语教育出版社**
（上海外国语大学内） 邮编：200083
电　　话：021-65425300 (总机)
电子邮箱：bookinfo@sflep.com.cn
网　　址：http://www.sflep.com
责任编辑：高楚凡

印　　刷：上海信老印刷厂
开　　本：787×1092　1/16　印张 6.5　字数 116千字
版　　次：2024 年 3 月第 1 版　2024 年 3 月第 1 次印刷

书　　号：ISBN 978-7-5446-7839-1
定　　价：36.00 元

本版图书如有印装质量问题，可向本社调换
质量服务热线：4008-213-263